AF495344

SIMPLES NOTES

POUR SERVIR

A

L'HISTOIRE

DU

SECOND SIÉGE DE PARIS

1870-1871

PAR UN VOLONTAIRE DE 1870-1871 

1872

DÉDIÉ

SIMPLES NOTES

POUR SERVIR

A

L'HISTOIRE DU SECOND SIÉGE DE PARIS

La guerre de 1870-71 venait de finir ; les dé-sastres de cette lutte désespérée contre l'envahis-seur étaient à peine consommés que de nouveaux malheurs plus terribles encore venaient s'abattre sur notre patrie mourante !

La France semblait parvenue au terme de ses infortunes et avoir épuisé la série de ses catas-trophes, mais elle f'ait inépuisable !

Il fallait encore à l'implacable destin, une su-prême et sanglante satisfaction ; il fallait que des enfants dénaturés se fissent, à la face de l'univers, complices de l'étranger, en venant rouvrir d'un fer impie les blessures dont ses hordes sauvages avaient labouré le sein de leur mère patrie !

Des conspirateurs audacieux et criminels devenus maîtres de Paris y répandaient la terreur et on ne

peut sans frémir se rappeler cette sanglante tragé-
die qui débuta par l'assassinat des généraux Le-
comte et Clément Thomas.

Le gouvernement ne pouvant alors livrer dans
les rues de Paris un combat décisif à l'insurrection
naissante, puisqu'il se trouvait complètement dénué
de troupes régulières et ne pouvait compter sur
l'appui de la garde nationale composée d'éléments
variés tous irrités par le malheur, le gouvernement
se décida à se retirer à Versailles auprès de l'Assemblée nationale.

Comprenant alors toute l'étendue du péril qui
menaçait l'ordre social, l'Assemblée dans sa séance
du 23 mars 1871, ordonnait, par 449 voix la formation de bataillons de volontaires en province, mais
chacun était harassé par une guerre longue pénible
et sans gloire, et ce cri d'alarme ne trouvant aucun
écho en France, c'en était fait de Versailles et la
Commune triomphait sûrement si les rebelles armés
avaient alors marché sans délai sur l'Assemblée.

Voici comment s'exprime, à ce sujet, M. le comte
de Grandeffe un de ceux qui ont jusqu'à la fin lutté,
les armes à la main, contre cette terrible révolu-
tion : « Pendant que Versailles se grossissait chaque
« jour de gens qui fuyaient la commune, cette der-
« nière grandissait en audace ! Le départ du gou-
« vernement et des troupes, lui fit croire un ins-
« tant qu'elle était invincible, et peu s'en est

« fallu que ses bandes n'arrivassent jusqu'à Ver-
« sailles.

« Je me souviens encore de la terreur du Ver-
« saillais, et du désarroi général.

« Il y eut un moment où Versailles fut littérale-
« ment à la merci d'un coup de main; personne
« n'était prêt, et tout le monde était découragé.

« Il fut alors question de former des bataillons
« de volontaires, mais la réponse à ce cri d'alarme
« a bien prouvé que le patriotisme était bien
« éteint chez nous.

« Cependant, beaucoup d'officiers de l'armée
« auxiliaire (gardes nationales mobile et mobilisée)
« se présentèrent à Versailles, se mettant à la dis-
« position du pouvoir, et il y eut un instant, le
« bataillon du marquis de Carbonnel à Versailles,
« comme il y avait à Rambouillet, le corps du gé-
« néral de Cathelineau...... »

L'armée était prisonnière, les armées auxiliaires
licenciées, et les quelques régiments échappés en
partie aux premiers désastres de la campagne,
étaient réduits à un effectif insignifiant, par suite
du licenciement des engagés volontaires, et des
anciens militaires incorporés *pour la durée de la
guerre.*

Le honteux état d'anarchie qui enserrait Paris
émut l'âme patriotique de nombreux officiers des
corps licenciés qui s'arrachèrent à leurs familles, à

leurs intérêts et au repos bien mérité qu'ils commençaient à goûter, pour venir réclamer, comme *simples volontaires* une place au péril et au sacrifice.

Il n'est que juste de conserver leur digne exemple à la postérité, et leurs noms à l'histoire de notre malheureux pays.

C'est la publication, *par ordre d'arrivée*, des noms de ces courageux citoyens, qui motive ce petit travail.

LISTE

*Par ordre d'arrivée à Versailles, de MM. les offi-
ciers des armées auxiliaires accourus du 18 mars
au 15 avril 1871, pour offrir leurs services au
gouvernement légal de la France.*

______

MM.

1° DE CARBONNEL D'HIERVILLE. (Le marquis) ✻
✻ ✻, chef de bataillon de la garde mobile.

2° FRANÇOIS, capitaine adjudant-major de la garde
mobile (Nord).

3° GŒRG, capitaine de la garde mobile. (Marne).

4° CLAUSSIER, lieutenant de la garde mobile.

5° TAVEAU DE LAVIGERIE (le baron Louis-Olivier)
capitaine de la garde mobile. (Haute-Vienne).

6° TAVEAU DE LAVIGERIE, (Louis-Maurice) ✻,
lieutenant de la garde mobile. (Gard).

7° BOULANGER, capitaine de la garde nationale
mobilisée.

8° VIOLETTE, capitaine d'artillerie mobilisée.

9° GUILLAUME, capitaine adjudant-major de la
garde mobile.

10° DE BIGAULT D'AVOCOURT, capitaine de la garde
mobile.

11° DE LAMBRE, capitaine de la garde mobile.

12° LAUDE, capitaine de la garde mobile.

13° DUPRESSOIR, capitaine de la garde mobile.

14° TITEUX DE LACROIX, capitaine de la garde mobile.

15° PETIT, lieutenant de la garde mobile.

16° PÉRINÉ, capitaine de la garde nationale mobilisée.

17° MARTEL, sous-lieutenant de la garde mobile.

18° GIRAUD, lieutenant de la garde mobile.

19° PEYROT, ancien officier d'état-major.

20° BAZERGUE, capitaine de la garde mobile.

21° BARRAL, lieutenant de la garde mobile.

22° LAMBERTERIE, capitaine de la garde nationale mobilisée.

23° BATIAU, capitaine de la garde mobile.

24° CALLAMANT, lieutenant de la garde mobile.

25° DE REINACH, ✳, chef de bataillon de la garde mobile.

26° CHALAMEL, lieutenant de la garde mobile.

27° LEJEUNE, capitaine de la garde mobile.

28° RABOT, capitaine de la garde mobile.

29° WALESKI, capitaine de la garde mobile.

30° DE BOURQUENEY (Le comte), lieutenant de la garde mobile.

31e De Chatillon, capitaine de la garde mobile.

32e O'zou de Verrie (Le comte) ✻, capitaine de la garde mobile.

33e Geant, lieutenant de la garde mobile.

34e Pineau, sous-lieutenant de la garde mobile.

35e Aviragnet, lieutenant de la garde mobile.

36e Perrès, lieutenant de la garde mobile.

37e Aubry, sous-lieutenant de la garde mobile.

38e Payelle, sous-lieutenant de la garde mobile.

39e Defournoux, (légion de marche du Rhône).

40e Allio, capitaine adjudant-major de la garde mobile.

41e Borot, lieutenant de génie mobilisé.

42e Bohn, capitaine de la garde mobile.

43e Stouvenot, capitaine de la garde mobile.

44e Guyramaure, capitaine de la garde mobile.

45e Javal, (Alfred) lieutenant de la garde mobile.

46e Javal, (Louis) lieutenant de la garde mobile.

47e De Boismorel, lieutenant de la garde mobile.

48e Leclerc de Bussy de Vauchelles, capitaine de la garde mobile.

49e Pasquin, capitaine de la garde mobile.

50e Diard, sous-lieutenant de la garde mobile.

51e Fichaux, id.

52e Léonard, capitaine de la garde mobile.

53e De Nabat, lieutenant de la garde mobile.

54e Chassoux ✱, capitaine de la garde mobile.

55e Lehmann, sous-lieutenant d'artillerie.

56e d'Herisson-Polastron ✱, capitaine de la garde mobile.

57e Robert-Mitchell, ✱, chef de bataillon de la garde mobile.

58e De Villard, capitaine d'artillerie mobilisée.

59e Debs, sous-lieutenant de la garde mobile.

60e De Bertvel, capitaine aux éclaireurs de la Seine.

61e O'zou de Verrie (Le vicomte), ✱ ✱ ✱, capitaine de la garde mobile,

62e Eck, lieutenant de la garde mobile.

63e De Franchi, capitaine de la garde mobile.

64e De Ribault, chef de bataillon aux éclaireurs de la Seine avec 15 officiers volontaires.

80e Joliot, sous-lieutenant de la garde mobile.

81e Roth, capitaine de la garde mobile.

82e Postic, sous-lieutenant de gendarmerie auxiliaire.

83e De Barbeyrac de St-Maurice, lieutenant de la garde mobile.

84ᵉ Benetti, lieutenant de la garde mobile.

85ᵉ Flobert, lieutenant de francs-tireurs.

86ᵉ Fabrège, capitaine de la garde mobile.

87ᵉ Cliche, sous-lieutenant de la garde mobile.

88ᵉ De la Marck, lieutenant de la garde mobile.

89ᵉ Lefèvre, sous-lieutenant de la garde mobile.

90ᵉ Millet, sous-lieutenant de la garde mobile.

91ᵉ Denet, lieutenant de la garde mobile.

92ᵉ Clérin, id.

93ᵉ Laisné, capitaine de la garde mobile.

94ᵉ Thiry, sous-lieutenant de la garde mobile.

95ᵉ Pouillaud dit Lemaire, chef d'escadron d'artillerie mobilisée.

96ᵉ Gaffin, capitaine adjudant-major de la garde mobile.

97ᵉ Duval, sous-lieutenant de la garde mobile.

98ᵉ De Vendeul, capitaine adjudant-major de la garde mobile.

99ᵉ Barbancey, sous-lieutenant de la garde mobile.

100ᵉ Tyries, capitaine de la garde mobile.

101ᵉ Bourbonnas, capitaine de la garde mobile.

102e D'Angosse, sous-lieutenant aux éclaireurs de la Seine.

103e De Kastner, capitaine de la garde nationale mobilisée.

104e Alibert, aide-major de la garde mobile.

105e Brodelet, capitaine aux éclaireurs de Seine Inférieure.

106e Colbe, lieutenant de la garde mobile.

107e De Thiville, capitaine de la garde mobile.

108e Ruault,   id.

109e Thuau, lieutenant de la garde mobile.

110e Leroy,   id.

111e Delclos ✳, chef de bataillon de la garde mobile.

112e Berger, sous-lieutenant de la garde mobile.

113e Gontier, capitaine de la garde mobile.

114e Cousin, sous-lieutenant de la garde mobile.

115e De Turenne, (le Vicomte), lieutenant de la garde mobile.

116e Deschange, sous-lieutenant de la garde mobile.

117e Virmaître, major de la garde mobile.

118e Dallet, capitaine de la garde mobile.

119e Silvy, lieutenant de la garde mobile.

120° FARGY, ✳, chef de bataillon de la garde mobile.

121° CASANOVA ✳, capitaine de la garde mobile.

122° BLIN, lieutenant aux voltigeurs du Nord.

123° LEGROS (le baron), capitaine de la garde mobile.

124° VALLÈRE, capitaine de francs-tireurs.

125° BLIN DE BÉLIN ✳, lieutenant de la garde mobile.

126° OUVRARD, capitaine de francs-tireurs.

127° MALLET DE VENDÈGRE, lieutenant de la garde mobile.

128° HENOT DE NEUVIER ✳, chef de bataillon de la garde mobile.

129° D'AMONVILLE ✳, chef d'escadron d'artillerie mobile.

130° GUYONNET, lieutenant de la garde mobile.

131° DE GRANDEFFE (le comte) ✳, capitaine de la garde mobile.

132° LEVASSEUR, lieutenant de la garde mobile (Somme).

133° BLAIRET ✳, chef d'escadron d'état-major.

134° CERF, sous-lieutenant de la garde mobile.

135° ROLLAND ✳, chef de bataillon aux francs-tireurs de la Presse.

136° Le Liabé ✳, chef de bataillon de la garde mobile.

137° De Gabory, sous-lieutenant de la garde mobile.

138° Chevrier, chef de bataillon de la garde mobile.

139° Saussier, lieutenant de la garde mobile.

140° Crespin de Térogat, lieutenant de la garde mobile.

141° De Chataux, capitaine d'artillerie de la garde mobile.

142° De Rancourt (✳ O.), lieutenant-colonel de la garde mobile.

143° De la Lande, capitaine major de la garde nationale mobilisée.

144° Barberet, capitaine de la garde mobile.

145° Gonat, sous-lieutenant de la garde mobile.

146° De Lacourt, lieutenant de génie auxiliaire.

147° De Riberolles, lieutenant de la garde mobile.

148° Flambart, capitaine de la garde mobile.

149° Godquin-leroux, capitaine aux sapeurs de la Somme.

150° Brisson de la Roche, lieutenant de la garde mobile.

(Cette liste fut par la suite complétée au chiffre de 500 officiers volontaires accourus de tous les coins de France).

ASSEMBLÉE NATIONALE.

Séance du 28 mars 1871 (Extrait du compte-rendu analytique.)

Présidence de M. Grévy.

« M. Haentjens : Messieurs ! je demande à l'Assemblée nationale la permission de lui faire une communication.

Plusieurs officiers parmi lesquels se trouvent le commandant *de Carbonnel* et le capitaine *Goerg*, le fils d'un de nos anciens collègues du Corps législatif, m'ont fait connaître que plus de 400 officiers des gardes mobiles et mobilisées, étaient accourus à Versailles pour la défense de l'Assemblée.

« Ils viennent pour former un bataillon d'élite sous la bannière de l'Assemblée nationale, c'est-à-dire sous la bannière du droit, pour combattre l'émeute partout où elle se produira (Très-bien ! applaudissements.) Ils vous demandent, si par impossible l'Assemblée venait à être attaquée, d'être mis en première ligne devant l'ennemi, et de former en quelque sorte, une garde d'honneur à la représentation nationale. (Approbation sur un grand nombre de bancs.)

« *Une voix :* Il n'est pas question d'attaquer l'Assemblée. (Murmures.)

« M. Haentjens : Je vous soumets la communication telle qu'elle m'a été faite. (Très bien ! Très bien ! parlez!) Il se commet d'ailleurs en ce moment de tels attentats, qu'une attaque contre l'Assemblée ne serait rien moins que surprenante ! (c'est vrai ! c'est vrai !) Dans tous les cas, si l'Assemblée nationale venait à être attaquée, ces braves officiers demandent à marcher en tête de ceux qui auront mission de la défendre (Très bien ! très bien ! applaudissements prolongés.) — Ils demandent aussi le concours du gouvernement, afin que la formation de leur corps d'élite ait lieu dans le délai le plus court possible ; j'ai cru pouvoir les assurer que le concours du gouvernement ne leur ferait pas défaut, et dès que leur demande sera transmise à Monsieur le Ministre de la guerre ou à Monsieur le Ministre de l'intérieur, je suis persuadé qu'on leur fournira le moyen de s'organiser le plus promptement possible — Enfin, ils ont terminé leur communication en me demandant de vous transmettre leur intention ; j'ai adhéré à leur sollicitation, persuadé d'avance que vous accueilleriez cette demande avec bienveillance. (Très bien ! très bien ! très vive approbation.)

« M. Millière : Je demande la parole pour la fixation de l'ordre du jour de demain.

« M. Paulin Gillon : Avant de fixer notre ordre du jour, je demande que le gouvernement réponde à la proposition des officiers volontaires, et que l'Assemblée vote au moins des remercîments à ces braves gens ! (oui ! oui !).

« *Sur plusieurs bancs* : c'est fait ! on vient de le faire !

« *M. le Ministre de l'Intérieur :* Messieurs, le gouvernement est disposé à répondre à la communication qui vient d'être faite à la Chambre, en adressant à ces officiers, ses remercîments les plus chaleureux ! (Très bien ! très bien ! sur la plupart des bancs.)

« *M. le Président :* L'Assemblée nationale joint les plus vifs remercîments à ceux qui ont déjà été exprimés à la tribune par un membre du gouvernement. (Oui ! oui ! Très bien ! approbation générale.) »

Quelque temps après le vote solennel et patriotique de ces remercîments nationaux qui sont et resteront toujours pour chacun des officiers précédemment cités, un des plus précieux souvenirs de leur existence militaire, le ministre de la guerre donnait aux commandants des divers corps d'armée, l'ordre d'adresser à chacun de ces officiers volontaires la lettre de remercîments suivante qui peut à bon droit passer aux yeux de tous. pour un honorable et glorieux titre de noblesse :

COPIE de la lettre adressée par les commandants des divers corps d'armée à chacun des officiers volontaires spontanément accourus à la défense du droit et de la représentation nationale :

« Monsieur,

« Tous les bons citoyens qui, comme vous, se sont rangés sous le drapeau de la cause de l'ordre, peuvent prendre une large part des remercîments votés par l'Assemblée nationale dans sa séance du 28 mars dernier.

« *Le général commandant,*

Signé : X.

LISTE

des Officiers volontaires tués ou blessés pendant l'Insurrection de Paris.

MM. Le commandant Delclos (Michel-Pierre-Etienne) (✶ O.), cité deux fois à l'ordre du 1ᵉʳ corps de l'armée de Versailles. — Tué à Belleville, à la tête d'une compagnie de volontaires, le 27 mai 1871.

Le capitaine Goeno (Jacques-Charles), une blessure, une citation à l'ordre du 1ᵉʳ corps de l'armée de Versailles.

Le capitaine comte de Grandeffe (Arthur) ✶, une blessure, une citation à l'ordre du 1ᵉʳ corps de l'armée de Versailles.

Le capitaine de Villard (Henry), une blessure.

Le capitaine Pasquin (Louis) ✶, une blessure.

Le capitaine Fabrège (Ernest), une blessure, une citation à l'ordre du 1ᵉʳ corps de l'armée de Versailles.

Le capitaine d'Hérisson Polastron ✶, une blessure

Le lieutenant Barbancey (Eugène), une blessure.

8710 — Imp. de J.-L. Le Rey.

187

www.ingramcontent.com/pod-product-compliance
Ingram Content Group UK Ltd.
Pitfield, Milton Keynes, MK11 3LW, UK
UKHW021030220726
13924UKWH00001B/235